VENTE

Du Lundi 9 Février 1885

A 3 HEURES

TABLEAUX DE MAITRES ANCIENS

EXPOSITION PUBLIQUE

Le Dimanche 8 Février 1885.

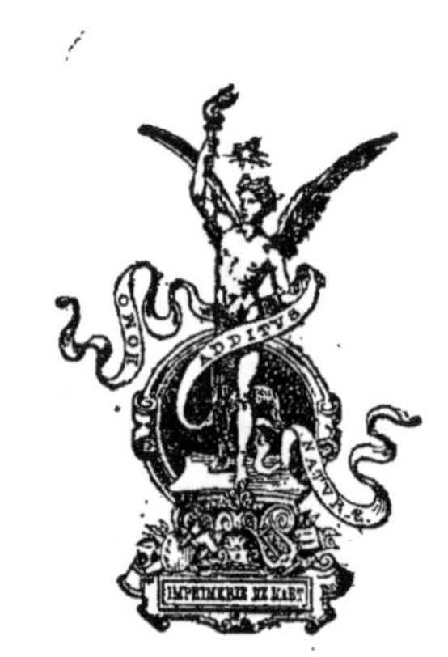
IMPRIMERIE DE MABT

CATALOGUE

DE

TABLEAUX

DE MAITRES ANCIENS

Provenant du Cabinet de M. Aubé

PARMI LESQUELS DES ŒUVRES AUTHENTIQUES DE

CHARPENTIER, GADDI (Angelo), DIETRICH (Ch. G.), MALLET (J. B.),
VERNET (Joseph), BRAUWER, VERNET (Horace),
MAAS (Nicolas), KESSEL,
MICHEL (Georges), VAN LOO (Louis-Michel), MURILLO (J. B. E.),
SENAVE, RYCKAERT (D.), SEGHERS, WATTEAU (Antoine).

La plupart signés et datés.

ET DONT LA VENTE AURA LIEU

HOTEL DROUOT, SALLE N° 3

Le Lundi 9 Février 1885, à trois heures.

Me R.-LE SUEUR | **M. E. GANDOUIN**
COMMISSAIRE-PRISEUR | EXPERT
29, rue Le Peletier, 29. | 42, rue Le Peletier, 42.

EXPOSITION PUBLIQUE : Le Dimanche 8 Février 1885
DE I HEURE A 5 HEURES

CONDITIONS DE LA VENTE

Elle sera faite au comptant.

Les adjudicataires payeront *cinq pour cent* en sus des enchères.

Paris. — Imp. de l'Art. E. Ménard et J. Augry
41, rue de la Victoire, 41.

DÉSIGNATION

AVERCAMP

(HENRI VAN)

École flamande, xviie siècle.

1 — *Village flamand.*

Une place de village ; au fond, l'église et quelques arbres ; nombreuses figures.

Très curieux et précieux tableau.

Cuivre. Haut., 34 cent.; larg., 26 cent. 1/2.

BRAUWER

(ADRIEN)

École flamande, 1608-1638.

2 — *Le Trompette.*

Dans une tabagie, un homme à cheval sur un banc souffle avec effort dans une trompette ; près de lui, deux buveurs.

Signé du monogramme AB.

Bois. Haut., 37 cent. 1/2 ; larg., 27 cent. 1/2.

CHARPENTIER

(JEAN)

École française, xviiie siècle.

3 — *Le Galant Berger.*

Près d'un monument en ruines, une jeune bergère assise ; un galant près d'elle lui offre des tourterelles. Au fond, un homme conduisant un âne.

Beau tableau de cet artiste, composition des plus gracieuses.

Signé : J. Charpentier, 1789.

Bois. Haut., 56 cent.; larg., 49 cent.

CUYP
(GERITZ)
École hollandaise, 1575. Mort après 1643.

4 — *L'Étameur ambulant.*

Un vieillard courbé sous le poids des ans marche en criant; il porte et tient dans ses mains divers ustensiles de cuisine; au fond, un village.

Bois. Haut., 21 cent.; larg., 16 cent.

DIETRICH
(CHRÉTIEN - GUILLAUME)
École allemande, 1710-1774.

5 — *L'Artiste et le modèle.*

Un peintre, assis à son chevalet, regarde une femme nue debout devant lui et tournant le dos au spectateur; derrière le peintre, un ami semble critiquer son œuvre; près d'eux, des bancs et ustensiles d'atelier chargés de vessies et flacons.

Très beau tableau, d'une tonalité argentine et d'une exécution des plus spirituelles.

Signé : C. Dietrich, 1731.

Collection Barrué.

Haut., 71 cent.; larg., 59 cent.

GADDI

(ANGELO)

École italienne, 1324-1387.

6 — *La Vierge tenant l'Enfant.*

La Vierge est représentée assise, l'Enfant sur ses genoux ; autour d'elle, sur les marches du trône, dans les airs, des séraphins et des anges.

Peinture sur fond or gravé.

Bois. Haut., 82 cent. 1/2 ; larg., 46 cent.

GÉRICAULT

(THÉODORE)

École française, 1791-1824.

7 — *Tête de bouledogue.*

L'artiste a représenté un molosse en fureur.
Très belle étude peinte d'un seul jet.
Collection comte Lepic.

Toile. Haut., 34 cent. 1/2 ; larg., 42 cent. 1/2.

KESSEL

(JEAN VAN, le Vieux)

École flamande, 1626-1678.

8 — *Bouquet de fleurs dans un verre.*

Tableau d'un fini précieux.

Bois. Haut., 38 cent. 1/2 ; larg., 25 cent. 1/2.

LE BRUN

(JEAN - BAPTISTE - PIERRE)

École française, 1748-1813.

9 — *Pastorale.*

Un berger endormi est appuyé sur les genoux de la bergère, qui lui passe autour du cou une guirlande de fleurs.

Signé : J. B. Le Brun, 1769.

Nota. — Les peintures de cet artiste sont très rares ; il épousa Mlle Vigée en 1774 et se livra exclusivement au commerce et à l'expertise des tableaux.

Toile. Haut., 64 cent.; larg., 52 cent.

LOO

(LOUIS-MICHEL VAN)

École française, 1707-1771.

10 — *Portrait de Madame de C***.*

Elle est représentée assise dans un fauteuil, vue de trois quarts et tenant dans ses mains un sac à jeu de loto dauphin.

Très beau tableau de ce maître rare à trouver.

Signé : L. M. Van Loo, 1763.

Toile. Haut., 81 cent.; larg., 65 cent.

LOO

(LOUIS-MICHEL VAN)

École française, 1707-1771.

11 — *Portrait de Monsieur de C***.*

Représenté assis, en costume de cour, il est vu de trois quarts, tenant son chapeau dans ses mains.

Pendant du précédent.

Signé : L. M. Van Loo, 1763.

Toile. Haut., 81 cent.; larg., 65 cent.

MAAS

(NICOLAS)

École hollandaise, 1632-1693.

12 — *Portrait d'homme.*

Vu de trois quarts, tête nue, ce personnage
est représenté debout, vu à mi-jambes, le
torse enveloppé d'un ample manteau de couleur pourpre, le point droit appuyé sur la
hanche.

Œuvre d'une très belle qualité et d'une
superbe couleur.

Toile. Haut., 68 cent. 1/2; larg., 57 cent.

MALLET

École française, 1759-1821 ?

13 — *Jeunes Femmes à leur toilette.*

Toile. Haut., 22 cent.; larg., 17 cent.

MICHEL

(GEORGES)

École française, 1770-1848.

14 — *Paysage; effet d'orage.*

Une côte sur laquelle un bouquet de chênes abrite quelques maisons; au premier plan, deux personnages; sur la route conduisant aux constructions, trois figures.

Superbe tableau de la plus belle manière du maître et d'un effet vigoureux.

Haut., 51 cent.; larg., 61 cent.

MURILLO

(BARTHOLOMÉ - ESTEBAN)

École espagnole, 1618-1682.

15 — *Le Songe de Jacob; paysage.*

Le patriarche est couché et endormi; une échelle est chargée d'anges montant par les échelons au ciel.

Tableau d'un remarquable effet.

Collection Soult.

Toile. Haut., 90 cent.; larg., 1 m. 48 cent.

NATTIER

(JEAN-MARC)

École française, 1685-1766.

16 — *Portrait de jeune femme.*

Représentée en buste, vue de trois quarts,
elle tient une colombe prête à s'envoler.
Œuvre des plus gracieuses.
Collection de Vansay.

Pastel. Haut., 57 cent.; larg., 47 cent. 1/2.

RAUCH

(JEAN-NÉPOMUCÈNE)

École allemande, 1804-1863.

17 — *Vue de Naples et du Vésuve.*

Très joli tableau de ce peintre estimé.
Signé : J. N. Rauch, 1845.

Toile. Haut., 49 cent.; larg., 75 cent.

RYCKAERT

(DAVID)

École française, 1612-1661.

18 — *Intérieur d'estaminet.*

Assis près d'une table et accoudé sur un escabeau, un buveur rit en élevant sa choppe pleine de bière; de l'autre côté de la table, sa femme est accoudée et fume la pipe; au fond, le cabaretier semble descendre à la cave; à terre, de nombreux ustensiles de cuisine. Tableau très spirituellement touché.

Bois. Haut., 35 cent.; larg., 25 cent.

SEGHERS

(DANIEL, dit le Jésuite d'Anvers)

École flamande, 1590-1661.

19 — *Couronne de fleurs au centre de laquelle Jésus au jardin des Oliviers.*

Cuivre. Haut., 79 cent.; larg., 51 cent.

SENAVE

(JACQUES-ALBERT)

École flamande, 1758-1829.

20 — *Les Deux Amants.*

Renversée sur des bottes de paille, une jeune femme, les seins découverts, se laisse embrasser par son amant; au fond, intérieur d'étable.

Très joli tableau, de la plus belle qualité. Signé : J. A. SENAVE.

Bois. Haut., 40 cent. 1/2 ; larg., 29 cent. 1/2.

VELDE

(GUILLAUME VAN DE, le Vieux)

École hollandaise, 1610-1673.

21 — *Pêche à la baleine.*

Très remarquable dessin à la plume lavé à l'encre de Chine et de bistre, exécuté sur bois.

Haut., 1 m. 8 cent.; larg.. 1 m. 70 cent., cadre compris.

VERNET

(HORACE)

École française, 1789-1863.

22 — *Vue d'Écosse.*

Ce tableau a été reproduit en lithographie
dans le Voyage en Écosse du comte de
Chambord.
Signé : H. VERNET.

Toile. Haut., 38 cent.; larg., 46 cent.

VERNET

(JOSEPH)

École française, 1714-1789.

23 — *Vue du pont et du château Saint-Ange, à Rome.*

Beau tableau d'un ton argentin.

Toile. Haut., 38 cent.; larg., 73 cent.

WATTEAU

(ANTOINE)

École française, 1684-1721.

24 — *Assemblée galante.*

Très importante composition de huit figures.

Ce tableau provient de la collection de la comtesse Grey. (Vente faite à Londres, 1863.)

L'expert chargé de la vente, convaincu que ce tableau est authentique, l'a catalogué sous le nom du grand maître, l'un des plus illustres de l'École française. Il croit devoir appeler, d'une manière toute spéciale, l'attention des amateurs sur ce tableau. Il observe cependant que les tableaux et les œuvres d'art anciens, voire modernes, sont parfois l'objet d'appréciations diverses et même diamétralement opposées.

Par conséquent et en raison de certains débats qui se sont déjà élevés, il ne peut à cet égard que donner son opinion en toute sincérité, et décline toute responsabilité effective sur une œuvre d'une aussi haute importance ; il s'en remet au jugement éclairé du public.

Toile. Haut., 70 cent.; larg., 91 cent.